AUX OUVRIERS — AUX LABOUREURS

LE PLÉBISCITE

OU

L'ORNIÈRE DE L'EMPIRE

CHATEAU-GONTIER — J.-B. BEZIER, IMPRIMEUR.

LE PLÉBISCITE

OU

L'ORNIÈRE DE L'EMPIRE

PAR

CH. TRESVAUX DU FRAVAL.

CHATEAU-GONTIER

J.-B. BEZIER, IMPRIMEUR-ÉDITEUR
Rue Dorée, 14.

1870

AVANT-PROPOS

C'est encore une des manœuvres, plus ou moins franches, du gouvernement de nous laisser approcher de la date du Plébiscite, sans nous en faire connaître le texte. Toujours l'inconnu, toujours l'imprévu. Dans moins de vingt-et-un jours nous devrons voter. Sur quoi ? Peu importe. On espère que *l'activité dévorante*, recommandée aux agents par le ministère, suffira pour entraîner les masses dans la voie où les *poussera* l'administration. Sans aucun doute, les électeurs ne se rendront pas compte de leurs actes. Mais c'est peu de chose. Depuis longtemps on préfère les voix ignorantes aux suffrages intelligents.

Dans une telle situation, le devoir de tout homme qui se respecte, de tout citoyen vraiment digne de ce nom, désireux du bien du pays et suffisamment instruit des choses de la politique, est d'éclairer ses concitoyens. Aux ténèbres que l'on veut répandre, il faut opposer la lumière, à l'ignorance, la vérité.

Je n'ai pas d'autre mobile en écrivant ces pages. Mais c'est ici que la tâche devient difficile. Comment raisonner d'une chose qu'on ne peut connaître, puisqu'elle n'a pas encore paru ; je veux dire du texte du Plébiscite?

D'autre part, attendre encore! Mais ce n'est pas en dix ou douze jours qu'un ouvrage, si abrégé qu'il soit, peut être écrit, imprimé et répandu dans le pays.

Faisons donc contre fortune bon cœur. Nous ne pouvons dès à présent discuter du Plébiscite : laissons ce travail pour la dernière heure. Nous l'exécuterons lorsqu'il aura plu à notre *maître* de nous l'exposer. Commençons par quelques considérations générales sur l'état des esprits en France, sur le rôle du ministère ; sur le plus ou moins d'opportunité et sur l'absurdité du vote plébiscitaire; sur son précurseur, sa source, le sénatus-consulte. Puis enfin, dès que le texte tant souhaité nous parviendra, nous le discuterons devant nos concitoyens.

Notre désir étant que cet ouvrage soit répandu le plus possible, et aussi pour écarter toute idée de spéculation ou de lucre, il sera vendu au plus bas prix; et, non-seulement les profits, mais une partie du produit de la vente, seront remis aux hôpitaux.

Ch. Tr. du Fr.

ÉTAT DES ESPRITS EN FRANCE.

Jurez de dire toute la vérité et rien que la vérité.

Telles sont les premières paroles que le magistrat adresse au témoin. Paroles que dernièrement encore j'entendais souvent répéter à Tours : dans ce procès, où nous avons appris que l'on peut tout à la fois tuer un homme et être innocent de sa mort.

Telles sont aussi celles qui me guident en écrivant ces pages. La vérité tout entière, sans prévention, comme sans faiblesse, sans parti pris.

Lorsque votre conscience vous rend ce témoignage, que ce sont bien là les dispositions de votre esprit, on s'adresse au lecteur avec confiance. Car, grâce à Dieu, la majorité immense des hommes qui lisent, juge impartialement, sans injustice. Ce n'est pas parce que tel ou tel écrivain est l'auteur du livre qu'ils ont entre les mains qu'ils le blâment ou l'approuvent. Non : ce sont sur les faits énoncés, sur les doctrines, sur les jugements qu'on leur soumet, qu'ils s'appuient pour proclamer l'ouvrage bon ou mauvais. C'est donc avec la plus grande confiance que je m'adresse à mes lecteurs, espérant qu'ils ne trouveront dans ces lignes que la vérité.

Les élections de 1869 étaient depuis longtemps terminées. La Chambre s'était même déjà réunie : puis, par un de ces coups de tête arbitraires, on avait jugé à propos de la proroger, sans la consulter bien entendu, comme c'est l'habitude ; sans même attendre qu'elle eût terminé la vérification des pouvoirs. Cependant un tel état ne pouvait se prolonger. On élude facilement les réglements, mais il est certaines lois sur lesquelles on n'ose passer aussi facilement, de peur du scandale. Celle-ci, par exemple, qu'une Chambre ne peut être prorogée pour plus de six mois. Il fallut donc bien finir par la convoquer de nouveau.

Ce que le gouvernement avait prévu, avait redouté, ne tarda pas à se manifester à ses yeux. La nouvelle Chambre, quoique élue encore en grande majorité grâce à la candidature officielle et à la pression administrative, n'était plus aussi..... docile que sa sœur aînée.

Parmi nos honorables, un grand nombre, même de ceux qui devaient le plus au ministère Forcade-Rouher, commençaient à ressentir une certaine pudeur envers le pays. Le séjour qu'ils avaient fait parmi leurs concitoyens leur avait démontré qu'il faudrait avant peu changer de voie, s'ils ne voulaient être abandonnés de leurs électeurs. Ils avaient compris que l'appui des préfets à poigne finirait par devenir impuissant. Enfin ils étaient convaincus qu'il y avait en

France un véritable réveil de l'opinion ; que les citoyens se fatiguaient d'être des machines votantes ; que d'importantes réformes devenaient nécessaires ; bref, qu'ils seraient jugés dans l'avenir sur leurs actes, et plus seulement sur la recommandation des préfets.

Plus la session s'avançait, plus ces idées prenaient racine parmi les députés. L'ancienne majorité, si complaisante, se disloquait de toutes parts : et il se formait dans la Chambre des groupes de jour en jour plus nombreux, de jour en jour moins soumis.

Nouveau et singulier spectacle pour MM. de Forcade et Rouher, qui, jusque là, n'avaient connu de résistance que sur les bancs de la gauche. Résistance stérile et peu à craindre, que depuis longtemps ils avaient l'habitude d'étouffer sans peine, sous le poids de la majorité disciplinée.

Ce réveil de la chambre n'était que l'écho affaibli du réveil de l'opinion publique. La presse presque entière y applaudissait. Et déjà on pouvait affirmer avec certitude que, s'il y avait encore, grâce aux candidatures officielles, une majorité fictive au corps législatif, la minorité chaque jour croissante était avec la majorité du pays.

Le Souverain fut enfin persuadé de ce fait aussi évident que nouveau pour lui. Il comprit que le navire impérial faisait fausse route; qu'il fallait un autre pilote, d'autres marins; enfin que la route était périlleuse, et qu'il n'était peut-être pas trop tôt de virer de bord.

L'instinct de la conservation est, dit-on, le plus développé chez l'homme : il en est ainsi au plus haut point dans la famille des Bonapartes.

On est peu scrupuleux sur les moyens et sur les principes. Le passé n'engage à rien; on se retourne rarement en arrière. On jouit du présent et l'on prépare l'avenir.

On avait fait subir à la France, pendant de longues années, le régime autoritaire. Les ficelles sont usées, les acteurs impopulaires, le peuple murmure. Qu'à cela ne tienne; on va changer de personnel. Ah! bons Français, c'est la liberté qui vous tente. Eh bien, vous allez être satisfaits. Votre Souverain va vous précéder dans cette route. Comment donc? mais personne n'est au monde plus libéral que lui. Du moins, c'est ce que *lui-même* et *ses ministres* vous affirment.

En ce temps-là se rencontra dans la Chambre un homme pour le..... (Dieu veuille qu'un jour l'histoire puisse dire)..... pour le bonheur de la France : Émile Ollivier. Homme d'un caractère souple, d'une ambition démesurée, d'un grand talent oratoire, d'une activité prodigieuse, et surtout d'une habileté peu commune. Autrefois commissaire de la République, il avait vu, en 1852, son père jeté dans les fers. Il n'était parvenu à le délivrer que grâce à des amis puissants qu'il avait su se ménager après l'orage. Lui-même, sans ces hauts protecteurs, eût très-probablement subi le même sort.

Mettant en avant ses titres de martyr de la liberté et de républicain de la veille, il avait ensuite un des premiers pénétré dans la Chambre, nommé par un des colléges de Paris. Là, avec Jules Favre, Picard, Hénon et Darimon, il avait formé ces fameux *cinq*, qui pendant six ans furent la seule opposition véritable à la Chambre, le seul contrôle sérieux des actes du gouvernement. *Quantum mutatus ab illo !*

A la législature suivante, le nombre des députés indépendants s'étant accru, on le vit suivre la même ligne de conduite. A côté des Thiers, des Berryer, des Marie, il ne cessa de démasquer les batteries du gouvernement, de lui reprocher ses fautes, et d'attaquer, avec autant de talent que de fougue, les Rouher, Forcade, Baroche, et autres ministres..... complaisants.

Encore aux élections dernières, il était, ou du moins il *paraissait être* combattu à outrance par le gouvernement. Quoiqu'à vrai dire, je sois de ceux qui croient qu'il n'était ainsi combattu que par MM. de Forcade et Rouher, personnellement. A cela rien n'étonne, car ces messieurs avaient des raisons suffisantes pour lui désirer une place n'importe ailleurs, même au Ciel, plutôt qu'au

Corps législatif. Quant au Souverain (l'histoire un jour nous éclairera sur ce sujet); mais je crois qu'il n'était pas fâché de le voir nommer. Déjà, soit directement, soit indirectement, il avait pu s'assurer qu'il n'était pas..... *si intraitable.* Peut-être voyait-il en lui un homme dont on pourrait se servir à l'occasion, une planche de salut pour les mauvais jours.

Toujours est-il, après que le bruit en ait longtemps couru dans l'opinion publique, qu'un beau jour Émile Ollivier, l'ex-victime de 1848, le républicain de la veille, l'ennemi du despotisme et de l'arbitraire, l'ancien député de l'opposition de Paris, l'une des colonnes des *cinq,* et plus tard des *trente-cinq,* la terreur des Rouher et des Forcade, accepte de former un ministère..... *au nom de l'Empereur.* Ah ! c'est ici le moment de rappeler ce que Montesquieu dit de la liberté : « Ceux qui avaient goûté du gouvernement ré- » publicain l'ont mise dans ce gouvernement : » ceux qui avaient joui du gouvernement mo- » narchique l'ont placée dans la monarchie.

» Enfin chacun a appelé *liberté* le gouvernement
» qui était conforme à ses coutumes et à ses in-
» clinations. » Eh bien, pour M. Émile Ollivier,
tant que MM. Rouher, Baroche et de Forcade
furent ministres, elle était sur les bancs de l'opposition. Mais du jour où le Souverain s'adresse à
lui pour former un ministère, la liberté est la
première vertu du gouvernement. Avant lui, la
liberté et l'empire étaient incompatibles ; du moment qu'il est au pouvoir, ils deviennent tellement inséparables, que, l'une, sans l'autre, ne
pourrait exister !

II

ROLE DU MINISTÈRE.

Du devoir il est beau de ne jamais sortir :
Mais plus beau d'y rentrer avec le repentir.

(VOLTAIRE.)

Eh bien, oui ; nous l'avouerons en toute humilité, nous nous sommes trompés. Oui, nous avons partagé l'erreur si généralement répandue parmi tout ce que la France compte de plus honorable, nous avons cru au ministère des *honnêtes gens ;* nous avons un instant considéré Émile Ollivier comme un homme libéral. Nous ne pensions pas qu'un ministre, ayant cherché avec tant de persévérance le pouvoir, ayant fait à la Chambre et au pays tant de belles promesses, ayant écrit : *le 19 janvier,* et toute sa vie crié : vive la liberté, pût jamais devenir l'homme de la réaction, la 2me édition de celui qu'il avait combattu avec tant de violence, M. Rouher.

Les faits sont là, cependant, nous démontrant combien nous nous sommes trompés, combien nous avons été joués. *Ergo erravimus.*

Il faut cependant l'avouer, si beaucoup de citoyens en France ont été joués, la manœuvre a été habile ; elle fait le plus grand honneur, sinon à la franchise, du moins à la..... *manière* du député du Var.

Comment s'y est-il pris en effet ? Il a commencé par crier plus fort que les autres contre tous les abus, contre les candidatures officielles, contre le despotisme du ministère, etc. Mais déjà, chose digne de remarque, déjà il ménageait la personne du Souverain, semblant le mettre en dehors de toutes les fautes qu'il reprochait à ses ministres.

Puis, lorsqu'il a vu dans la Chambre se former différents groupes plus ou moins indépendants, il s'est mis à voltiger entre ces groupes ; votant tantôt avec l'un, tantôt avec l'autre ; n'abandonnant pas complétement d'abord les anciens amis de la gauche, mais aussi n'abordant plus la droite qu'avec les formes les plus arrondies, les paroles les plus modérées.

Pendant qu'ainsi il faisait son nid dans la Chambre, avec des rameaux pris aux différents bosquets, il ne négligeait point la personne du Souverain, se rendant l'homme *nécessaire*.

Manœuvre machiavélique ! Il mettait le Souverain entre le ministère *libéral* personnifié en lui et l'anarchie ; tout comme il place maintenant, au nom de son maître, les électeurs entre l'empire *libéral* et la révolution. La tactique ayant réussi auprès du Prince, il veut maintenant l'essayer encore auprès des sujets. C'est tout simple.

Voilà donc Émile Ollivier le lion du jour, l'homme du moment, chargé par l'Empereur de former un ministère. Sans doute la tâche était difficile : mais c'est jeu d'enfant pour le nouvel académicien. Il commença par couper et jeter au feu toutes les branches mortes, les Forcade, les

Rouher, les Baroche, entièrement séchées au vent de l'impopularité ; puis, choisissant dans le jeune bois, il réunit en faisceau toutes les jeunes pousses ; quelques-unes du centre droit et de la droite pure, pour ne pas effrayer *le maître* ; quelques-unes aussi parmi les *nouveaux* amis du centre gauche, pour satisfaire l'opinion publique ; mais aucune parmi les *anciens* amis de la gauche, dont il n'a plus besoin.

Et dire que nous nous sommes laissés aller à la confiance en un pareil.... mélange ! N'eussions-nous pas dû comprendre que forcément il arriverait de deux choses l'une. Ou les membres du nouveau ministère étaient des hommes désintéressés, uniquement dévoués au bien du pays ; et alors ils ne pourraient longtemps s'entendre, étant imbus des principes les plus opposés. Ou ils travaillaient pour leur propre compte, ils étaient mus par l'ambition d'être et de rester ministres ; et alors, une fois au pouvoir, ils ne tarderaient pas à tomber aux pieds du Souverain, comme leurs prédécesseurs, espérant se maintenir avec lui. C'est ce qui est arrivé pour la plupart d'entr'eux. Aussi avons-nous vu ce prétendu ministère libéral tomber de contradictions en contradictions.

Il devait rester homogène, et l'un de ses membres les plus éminents, le comte Daru avait pu dire en pleine Chambre et aux applaudissements de ses collègues, « qu'aucune pierre ne serait » détachée de l'édifice ministériel, sans qu'il ne » s'écroulât tout entier. »

Cependant déjà deux pierres sont tombées, deux des principales : et le ministère n'a pas manifesté le moindre regret. Deux ministres perdus, deux de retrouvés.

Pourquoi les choses sont-elles ainsi? Hélas! la raison n'en est que trop évidente. Parce qu'il est des hommes qui ne veulent pas manquer à leur parole, renier leurs principes, changer arbitrairement de programme, et qu'il en est d'autres moins scrupuleux. Parce qu'il est des hommes qui, jaloux avant tout de leur honneur et s'inspirant surtout des volontés du pays, prennent l'opinion publique pour la règle de leur conduite, et qu'il en est d'autres qui la comptent pour rien.

Les premiers sont les moins nombreux, sans doute c'est fort triste ; mais la sympathie publique les console de la perte des honneurs. Car, grâce au Ciel, en France on sait encore apprécier les nobles sacrifices.

Lorsque dernièrement dans un discours qui restera comme un chef-d'œuvre d'éloquence et et de logique, Gambetta s'écriait, en parlant de l'Angleterre : « Un grand citoyen qui, *quoique* » *ministre*, sut conserver la liberté et la franchise » de ses allures, M. Bright..... » Assurément plus d'une poitrine dut se sentir oppressée aux bancs du ministère.

N'en déplaise à l'honorable Garde-des-Sceaux, s'il est satisfait, il ne peut se vanter d'avoir satisfait la majorité du pays. S'il voulait consulter l'opinion loyale et indépendante, l'opinion de ces hommes auxquels il semblait s'adresser au commencement de son ministère, de ces hommes modérés, de tous les partis, qui, avant même leurs sympathies particulières, placent le maintien de l'ordre, l'apaisement des passions, le développement d'une sage liberté; et bien, il ne tarderait pas à se convaincre que cette partie la plus saine et encore heureusement la plus nombreuse de la nation n'est plus avec lui.

Serait-ce en prévoyant ce que nous verrions un jour que Racine s'écriait dans *Athalie* :

Comment en un plomb vil l'or pur s'est-il changé?

Jamais ses paroles ne reçurent une application plus juste.

Quoi! ce ministère libéral, ce ministère qui avait réuni toutes les sympathies, après trois mois d'existence retombe dans les mêmes errements que le ministère autoritaire auquel il avait succédé.

Au commencement nous le voyons, animé des meilleures intentions, promettre réformes sur réformes. Et aujourd'hui, l'expérience nous montre ce que valent ses paroles.

Des réformes! Les unes, nous pourrons les attendre longtemps : par exemple, cette loi sur la pressé, cette loi électorale, sans laquelle des élections libres sont impossibles, et la loi sur l'instruction publique, et l'enquête agricole et industrielle...... etc. Tout cela avait été solennellement promis, pompeusement annoncé, et somme toute, rien n'est venu.

Les autres ont été faites ; et déjà l'on en tient aucun compte, elles paraissent complétement oubliées. C'est ainsi qu'après avoir promis la neutralité de l'administration dans les élections, on recommande aux préfets une *activité dévorante;* après avoir interdit aux juges-de-paix de s'immiscer aux questions électorales (ce qui est indispensable si l'on veut que la justice reste impartiale et respectée), on approuve un préfet qui dernièrement réunissait ces magistrats de son département pour leur communiquer *l'activité dévorante* qu'il venait de puiser lui-même à Paris. Cette question a été posée à la Chambre : le prudent Garde-des-Sceaux n'a pas daigné y répondre.

C'est du reste une tactique assez commode qu'il

a depuis quelque temps adoptée. Se drapant dans sa dignité et dans son dédain, ne pas repondre, c'est une manière assez facile d'éviter les discussions dangereuses et de ne pas se compromettre.

Mais aussi on laisse par là à ses adversaires le droit de conclure. Et certainement, à quelque opinion qu'il appartienne, est-il en France un citoyen qui, dans son âme et conscience, puisse contredire le jugement foudroyant, mais vrai, porté par Jules Favre du haut de la tribune : « Vous êtes le ministère de l'*agitation* et de la » *stérilité !* » Le ministère avait beaucoup promis. Qu'a-t-il tenu ?

Rira bien qui rira le dernier, dit le proverbe. Je crains qu'un jour M. Émile Ollivier ne finisse par s'en apercevoir. Il avait pour lui l'opinion conservatrice ; bon gré, malgré, les hommes d'ordre s'étaient laissés attirer par ses belles promesses et surtout par des noms comme Daru, Buffet, Talhoüet. Maintenant il préfère au ministère des honnêtes gens celui des gens habiles, qu'il prenne garde : l'habileté n'a qu'un temps. Et si rusé que soit un homme, tous les jours il s'expose à rencontrer plus rusé que lui.

Ne voit-il pas que déjà il est le jouet de ceux qu'il a renversés. Derrière le rideau, Forcade, Rouher et Cie, applaudissent à toutes ses fautes, les encouragent, et se réjouissent en voyant venir leur retour prochain. La majorité, l'ancienne majorité se reforme dans la Chambre. Et M. Ollivier lui-même ne peut se faire cette illusion absurde qu'il en est le véritable chef. Non, l'honorable Garde-des-Sceaux a pu oublier ses amis, ses protecteurs de la gauche ; mais les députés de l'ancienne majorité n'oublieront point les candidatures officielles, et ces chers ministres qui les faisaient naguères fleurir.

« Mais, me direz-vous, MM. de Forcade et
» Rouher sont morts et enterrés, avec le régime
» autoritaire ; ce que veut la France, c'est l'Em-
» pire libéral. »

L'avenir nous le prouvera, jamais au contraire ces hommes et leur système n'ont été plus prêts de revenir au pouvoir. Serait-il plus extraordinaire de voir ces honorables anciens ministres du gouvernement personnel devenir libéraux, qu'il ne l'a été de voir Émile Ollivier, ce républicain austère, devenir ministre de l'Empereur, après l'avoir combattu quinze années?

Et en outre le ministère actuel n'est point tellement libéral que les principes de MM. de Forcade et Rouher ne puissent s'en accommoder. Les noms sont changés : voilà tout. La politique reste la même. Et depuis le 2 janvier avons-nous plus progressé que reculé dans la voie libérale? En parole, oui; en fait, non.

Les élections se feront de la même manière, les traités de commerce restent, l'état de l'instruction publique est le même, les impôts ne sont pas diminués, le personnel de l'administration est peu ou pas du tout changé; nous sommes toujours soumis à l'arbitraire, aux surprises. Nous n'y voyons pas plus clair dans nos propres affaires. On ne nous consulte pas plus.

Bref, des ambitions personnelles ont été satisfaites; nous avons eu des noms nouveaux. Rien du reste n'est changé dans la comédie..... sinon les acteurs.

Un moment les Français avaient cru ressaisir leurs droits légitimes. Leur désillusion n'en est que plus grande. Comme dit le poëte Lucain :
« *Ut casu graviore ruant.* »

Dans un pareil état de choses, les ministres qui avaient partagé nos illusions de franchise et de liberté pouvaient-ils rester au pouvoir? Trompés eux-mêmes dans leurs espérances, réduits à une impuissante minorité au sein du conseil, pouvaient-ils contribuer à tromper les autres? Non, assurément. Aussi leur sortie du ministère est-elle la condamnation terrible de ceux qui restent.

Nous avons eu le ministère des honnêtes gens; nous avons le ministère des gens habiles; nous aurons, tout le fait craindre, le ministère des gens plus habiles : Rouher et la réaction.

III

INOPPORTUNITÉ ET ABSURDITÉ DU PLÉBISCITE.

« Nous n'avons pas commis une seule faute, »
s'écriait à la tribune le superbe M. Rouher. Je
crois que peut-être il en avouerait à présent une
toute petite : celle de n'avoir pu se maintenir au
pouvoir, malgré les candidatures officielles. Eh
bien, je ne serais pas étonné d'entendre le non
moins superbe M. Ollivier, tenir le même langage ;
car, du jour où l'on est ministre, on s'applique à
soi-même le dogme de l'infaillibilité. Reste à
savoir si ce jugement sera confirmé par l'histoire.

En supposant qu'il y ait en France des hommes qui oseraient absoudre tous les actes du ministère jusqu'à présent, je ne crois pas du moins qu'il s'en trouve un seul pour approuver le dernier, celui qui a amené la démission de deux de ses membres, le *Plébiscite!*

C'était en tout cas la mesure la plus *inopportune* que l'on pût *rêver.*

D'abord, dans les circonstances actuelles.

Nous entrions, depuis quelques mois, dans ce qu'on peut appeler une période d'apaisement. Les blessures causées par les dernières élections commençaient à se cicatriser. De toutes parts on se tendait la main. On éprouvait le besoin de s'unir. Dans tous les partis, les hommes modérés, vraiment patriotes, oubliait leurs dissensions passées, étaient tout prêts à seconder le ministère dans l'œuvre de la régénération de la France.

Le pays, espérant qu'il allait être enfin sérieusement associé à la gestion de ses propres affaires, tant par ses représentants que par des commissions prises dans son sein, reprenait confiance.

On pensait que les finances, soumises à un contrôle sérieux, allaient s'améliorer par de sages économies; que les guerres, les impôts, ces fléaux du peuple à l'extérieur et à l'intérieur, ne dépendraient plus du caprice d'un seul, ou de l'assentiment d'une Chambre faible et trop complaisante.

Le commerce et l'agriculture, comptant sur une enquête sérieuse, renaissaient à la confiance et les affaires reprenaient un nouvel essor.

Des commissions, composées des hommes les plus éminents et les plus expérimentés, choisis dans tous les camps, faisaient espérer un heureux développement de l'instruction publique, une décentralisation véritable, des mesures plus justes dans la formation des municipalités, surtout dans la nomination des maires, des attributions plus larges aux conseils généraux, l'établissement de conseils cantonaux établis sur les bases les plus libérales, etc.....

Bref, si après l'âge de fer qui allait disparaître, on n'osait encore se flatter de voir l'âge d'or, du moins toute la France saluait déjà avec bonheur et reconnaissance l'âge d'argent.

Que fallait-il pour que cet état excellent des choses et des esprits se maintînt et progressât, jusqu'à l'entier accomplissement des heureuses réformes si bien commencées?

La paix, à l'extérieur et à l'intérieur.

Et c'est juste à ce moment de transformation sans secousse, de révolution pacifique, qu'il plaît au Souverain et à son conseil de venir de nouveau tout suspendre, et rallumer les passions, par l'annonce du Plébiscite.

Fait incompréhensible et inexplicable! Une occasion naturelle, je dirai plus, logique, s'était présentée, de recourir aux élections. C'était, à l'avénement du ministère du **2** janvier, de dissoudre la Chambre.

Et, en effet, n'était-ce pas une conséquence forcée du changement de politique? Le Souverain, quittant le gouvernement personnel pour le gouvernement libéral, et les nouveaux ministres associant leur responsabilité à ce régime, on ne

pouvait marcher avec une Chambre, où la majorité provenait des candidatures officielles, et était
au fond dévouée aux hommes et à la politique
du cabinet qui tombait. L'événement le prouve
chaque jour.

Au nouveau ministère, il fallait une Chambre
nouvelle. Il était alors l'expression des vœux de
la nation, il fallait qu'il pût s'appuyer sur des
députés librement élus.

Eh bien à ce moment ou la logique et la raison
conseillaient de recourir au scrutin, on s'y refuse.
Pourquoi? Pour ne pas jeter de nouveau le pays
dans de dangereuses agitations.

On préfère vivoter entre un ministère libéral
et une Chambre retrograde; recourir aux expé-
dients pour tâcher de se ménager une majorité
instable et incertaine. C'est-à-dire, nous ne le
voyons que trop à présent, tenter l'impossible.

Voilà ce qu'on a fait pour conserver la paix.
Puis aujourd'hui que nous avons plus que jamais
besoin de cette paix, on va inutilement jeter le
pays dans l'agitation par un vote complétement

inutile. Vote qui n'était demandé ni par la Chambre, ni par le pays. Vote qui amène la dislocation du ministère, remet tout en cause, arrête le développement des institutions libérales, et replonge les finances, l'agriculture, le commerce dans la même situation précaire. Vote qui peut amener des troubles, des émeutes ; et, en tout cas, sème déjà la division dans tous les esprits. Ainsi, de parti pris, sans nécessité, au moment où la France entière s'apaisait et rentrait pacifiquement dans la voie libérale, le gouvernement vient tout arrêter et nous précipiter de nouveau dans l'inconnu.

N'avons-nous pas le droit de conclure maintenant que l'Empire et le vrai libéralisme sont incompatibles ? N'avons-nous pas le droit d'affirmer que le Plébiscite est la mesure la plus *inopportune ?*

Mais il y a plus, et nous le prouverons ; le Plébiscite est la chose la plus absurde que l'on puisse inventer.

Dans ce fameux discours qui a rappelé les

Mirabeau, les Manuel et les Berryer, Gambetta n'a pas craint de dire : « le Plébiscite est la lettre » de faire part, l'acte de décès du principe mo- » narchique. »

Cette parole est tombée comme un verdict et la nation l'a acclamée. Et en effet qu'est-ce qu'un Plébiscite?

Tel qu'on l'entend aujourd'hui, c'est un appel fait au peuple pour qu'il se prononce sur telle ou telle question importante, intéressant le gouvernement ou la constitution.

Si donc on se soumet ainsi à un vote populaire, un jour le peuple peut déclarer qu'il ne veut plus de la forme qui le régit ou de l'homme qui est à la tête : et nous voilà dans la révolution.

Vous voudriez, après cela, faire reconnaître par lui l'hérédité dans la dynastie? Mais l'hérédité et le Plébiscite se contredisent comme le oui et le non.

Quoi! vous reconnaissez au peuple le droit de renverser par son vote un gouvernement, vous même vous n'appuyez votre droit que sur ce principe : et maintenant que vous êtes au pouvoir, vous voudriez qu'il se liât envers vous et reconnût l'hérédité dans votre famille ?

Ah ! je le comprends, vous avez peur qu'un jour il ne vous renverse, comme vous trouvez qu'il a eu le droit d'en renverser d'autres avant vous. Pourquoi pas ? Il faut être logique. Comme le dit Bossuet : « il n'y a pas de droit contre le droit. » Les droits que vous reconnaissez au peuple, contre les Bourbons ou les d'Orléans, vous êtes forcés de les admettre contre vous-mêmes.

Non, non ; si vous espérez fonder en France une dynastie, ce ne sera pas en recourant aux plébiscites. Peut-être un jour le peuple vous acclamera-t-il, et le lendemain il vous renversera. Vous devriez vous souvenir quelquefois de votre oncle, celui que l'histoire, malgré ses fautes, appelle Napoléon-le-Grand. Fut-il un homme plus adulé par son peuple ? Et deux fois cependant, il partit au milieu de l'indifférence générale, pour ne pas dire plus.

C'est que rien n'est variable comme l'opinion publique, et dans tous les pays comme à Rome, le Capitole et la Roche Tarpéienne ne sont pas éloignés.

Le meilleur Plébiscite que puisse souhaiter un gouvernement sage, c'est la continuation de son règne. Du moment qu'un peuple vous laisse gouverner, c'est qu'il ne veut pas vous renverser ou qu'il ne l'ose. Eh bien, pour des hommes qui avant tout veulent se maintenir au pouvoir, l'important est d'y rester, sans aller chercher de prétendus nouveaux droits, qui, un jour ou l'autre, se dresseront devant lui pour l'abattre.

Des droits! Mais il n'y en a que de deux sortes : le principe héréditaire et le principe électif. Contentez-vous de ce dernier, puisqu'il vous a réussi, et qu'il pourra quelque temps vous réussir encore. Mais n'allez point revendiquer le premier, auquel vous n'avez aucun titre, et qui, en tout cas, est la négation du second.

Le Plébiscite est donc une mesure déplorable, parce qu'il arrête en France le mouvement libéral, parce qu'il lance de nouveau les esprits dans les agitations et les dissensions, parce qu'il nous expose à des troubles, dont personne ne peut prévoir la gravité, quoiqu'on ait dit en haut lieu, avec une présomption peu commune : « L'ordre, « j'en réponds. »

C'est une mesure absurde, au point de vue des Bonapartistes, comme à celui de tous les gens d'ordre indépendants, parce qu'il nous garantit la révolution dans un avenir plus ou moins rapproché.

Il accuse de là part de ses auteurs, s'ils veulent le maintien de la dynastie, un aveuglement incroyable. Car, malgré l'activité dévorante des préfets, bien que du haut de la tribune on ait osé les engager à *pousser les masses au scrutin*, comme on pousse de vils troupeaux (*vile pecus*), le nom de Bonaparte ne retrouvera, ni les 8 millions de voix de l'Empire, ni même les 7 millions de la Présidence.

Donc l'Empire a baissé dans l'affection et la confiance du peuple Français.

C'est ce que le Plébiscite se chargera de nous prouver.

Est-il politique de la part du gouvernement de chercher cette preuve ?

IV

LE SÉNATUS-CONSULTE.

En attendant qu'on daigne nous faire connaître le texte du Plébiscite. En attendant que le Souverain, suivant, dit-on, le conseil donné par le *Figaro*. — Le *Figaro* devenu journal officieux ! C'est encore une preuve du caractère grave et sérieux du gouvernement. — En attendant, dis-je, que le gouvernement daigne nous adresser à chacun et à tous un autographe, jetons un coup-d'œil rapide sur le sénatus-consulte.

Car, comme nous le disions en commençant, le sénatus-consulte est le précurseur, le père du

Plébiscite. Le premier est l'ouvrage complet, le second en est le *programme*. Le premier est le *bulletin*; le second est le *vote*.

Eh bien! que signifie le sénatus-consulte au point de vue de la liberté? Que nous promet-il pour l'avenir? Nous trouvons dans l'histoire de Napoléon Ier ce précieux aveu, parlant de la manière dont il s'était emparé des chefs Vendéens, il disait au tribun Ganilht : « Je leur ai fait croire » que je voulais ce qu'ils voulaient eux-mêmes; » et leurs chefs sont venus à Paris. Au bout » d'un mois, ils étaient tous arrêtés..... » Puis il fit une pirouette, et ajouta : « Voilà comment on » gouverne. »

Grâce à Dieu, on n'oserait pas arrêter aussi facilement aujourd'hui : mais, à cela près, la politique impériale reste la même. Comme son oncle, le neveu espère nous attirer en nous faisant croire qu'il veut ce que nous voulons. Nous demandons la liberté; cette parole est écrite à profusion dans la nouvelle Constitution. Mais de fait, elle n'a jamais moins existé.

Quoi! l'on voudrait nous poser un parallèle entre le sénatus-consulte en question et la constitution de 1852. Qu'y a-t-il donc de changé? Oserait-on dire qu'il est plus libéral?

Mais, loin de là, c'est le couronnement de l'édifice, pourvu qu'on appelle ainsi la dynastie impériale.

Examinons quelques articles du sénatus-consulte avec autant d'impartialité que s'il s'agissait d'un acte, émanant d'un gouvernement qui aurait toutes nos sympathies et notre confiance.

« La Constitution, dit le titre Ier, reconnaît, confirme et garantit les grands principes proclamés en 1789, et qui sont la base du droit public des Français. »

Nous pourrions écrire un volume entier sur ce sujet. Nous nous exposerions à ne rien dire de neuf, et à prouver une fois de plus, que rien n'est plus élastique que cette phrase. Pour les principes de 1789, comme pour tous les principes, tout dépendant de l'*interprétation* et de l'*application*. La première République, en fit sortir l'anarchie; Napoléon Ier, le despotisme; la République de 1848, crut un instant y trouver la liberté.

Le titre II, tout simplement, établit la dignité impériale et l'hérédité de mâle en mâle dans la famille des Bonapartes. Il règle l'adoption et définit la position des membres de la famille, qui à dix-huit ans ont droit de siéger au Sénat et au Conseil d'État, et sont *Princes Français*.

Je ne rélève que l'article 4 : « A défaut d'héritier légitime direct ou adoptif, sont appelés au trône : le prince Napoléon (Joseph-Charles-Paul) et sa descendance directe..... etc. »

Eh bien! voilà un article qui ne satisfera pas grand monde, et sur lequel assurément la nation n'a pas été consultée. Car je suis parfaitement sûr de rester dans les limites les plus strictes de la vérité en disant : que le Prince en question est excessivement peu sympathique en France.

Son Impérial cousin ne doit d'ailleurs nullement s'en étonner; car, soit tactique, soit nature, ils ont été souvent en dissension. Le souvenir du discours d'Ajaccio, et de maint autre au Sénat et ailleurs, n'est pas plus oublié que les deux promenades du Prince en Crimée et en Italie.

Sa retraite à Prangins, son éloignement du Sénat au moment où cette *vénérable assemblée,* comme dit M. Gambetta, est appelée à statuer sur le sénatus-consulte, ne contribuent pas non plus à parler en sa faveur, du moins en faveur de son patriotisme.

Le titre III règle la part que le Corps législatif et le Sénat auront à la promulgation des lois. C'est toujours le même langage mystérieux et ambigu. Une seule amélioration y est établie : c'est que « toute loi d'impôt sera d'abord votée par le Corps législatif. »

Le titre V traite particulièrement des prérogatives de l'Empereur. Il nous suffira d'en citer quelques articles pour montrer combien, là encore, nous sommes loin d'une Constitution vraiment libérale.

Art. 13. « L'Empereur a toujours le droit de

faire appel au peuple français. » N'est-ce pas le coup d'État érigé en loi?

Art. 14. « L'Empereur *déclare* la guerre, fait les traités de paix, d'alliance et de commerce, nomme à tous les emplois..... etc. »

En vérité, qu'y a-t-il de changé dans le gouvernement personnel? Voici des questions qui intéressent au plus haut point la nation. Elle n'est pas davantage consultée. Tout dépend comme par le passé de la volonté d'un seul. Allons donc, un peu de franchise!

Art. 19. « L'Empereur nomme et révoque les ministres. »

Encore une fois, quels changements y a-t- il? Nous sommes toujours en 1852.

Le titre V traite du Sénat.

Rien de nouveau, si ce n'est que l'Empereur ne peut nommer plus de vingt sénateurs par an.

Une seule mesure, au premier aspect, paraît plus libérale : « Les séances du Sénat sont publiques. » Mais aussitôt, comme par repentir, on ajoute : « La demande de cinq membres suffit pour qu'il se forme en comité secret. » Ce qui détruit complétement la première proposition.

D'ailleurs, pourquoi nous appesantir plus longtemps sur cette *vénérable* assemblée. L'expérience nous a prouvé que par son mode de recrutement même (le choix de l'Empereur), le Sénat est le premier des corps complaisants.

Avec le titre VI nous arrivons au Corps législatif.

Ici la constitution paraît peut-être un peu plus libérale ; mais ce n'est qu'en apparence, car un article donne à l'Empereur le droit de s'en débarrasser dès qu'il deviendrait gênant.

Art. 36. « L'Empereur convoque, ajourne, *proroge* et dissout le Corps législatif. »

Puis, comme pour le Sénat, les séances sont publiques : Mais aussi, comme pour le Sénat, « la demande de cinq membres suffit pour qu'il se forme en comité secret. »

En vérité, il faut bien l'espérer (pour l'Empire), parmi les anciens protégés de M. Rouher, on trouvera toujours aisément cinq députés, assez serviables, pour fermer les portes du Corps législatif, dans le cas où l'on aurait à craindre de jouer à jeu découvert.

Le titre VII traite du Conseil d'État.

Là, pas moins d'autorité pour l'Empire; pas plus d'espérance pour la liberté.

Art. 38. « Le Conseil d'État est chargé, *sous la direction de l'Empereur*, etc. »

Et comme si cela ne suffisait pas pour repondre de sa soumission, l'art. 40 ajoute : « Les conseillers d'État sont nommés par l'Empereur, et *révocables* par lui. »

Du coup, il faut espérer que voilà le Conseil d'État suffisamment enchaîné.

Enfin le titre VIII renferme quelques dispositions générales. Il abroge d'abord les articles des constitutions précédentes, qui seraient contraires à celles-ci.

Puis il déclare (art. 45) « que la constitution peut être modifiée par le peuple »; mais, toujours même système, « sur la proposition de l'Empereur. »

Il décide en terminant (art. 46) que « les changements et additions apportés au Plébiscite des 20 et 21 décembre 1851, par la présente Constitution, seront soumis à l'approbation du peuple. »

En vérité, le peuple serait bien bon de se déranger pour voter sur pareille matière, d'autant plus que son approbation n'est qu'une formalité, dont on saurait parfaitement se passer à l'occasion. Ce ne serait pas la première fois.

Pour moi, je comprends qu'il y ait à voter, dans le peuple, ceux qui verront clairement, dans ce sénatus-consulte, un progrès dans la voie d'une sage liberté, une part plus grande laissée au pays dans le gouvernement. Malheureusement pour l'Empire, je crains fort que le nombre des gens convaincus ne soit pas bien grand, parmi les hommes qui lisent et jugent en connaissance de cause.

Un seul fait suffirait pour les éclairer. C'est l'adhésion au sénatus-consulte, de la part d'hommes comme MM. de Persigny, de Maupas,

Rouher, de la Guéronnière. C'est en outre la facilité avec laquelle il a été accepté par le Sénat.

Comment expliquer cette subite conversion de la part d'hommes aussi dévoués au pouvoir personnel, d'hommes encore imprégnés du parfum que leur a communiqué le dernier régime autoritaire? Leurs propres paroles se chargent de nous en instruire et de nous l'expliquer.

Lisez la séance du Sénat : 18 avril 1870.

M. de la Guéronnière ne voit dans la nouvelle Constitution que l'affermissement de la dynastie impériale. C'est tout ce qu'il lui faut. Le nouvel appel qu'elle va faire au peuple, il l'appelle « le sacre de Reims !!! »

Il paraît que la dynastie a besoin d'être souvent sacrée, pour se croire sacrée suffisamment.

Quant à M. de Persigny, quoique au premier abord il paraisse moins enthousiaste de la nouvelle Constitution, il s'y rallie cependant sans répugnance, « parce que le Souverain y garde *tous ses pouvoirs;* » et qu'il y « conserve *tous* les moyens de l'empire *autoritaire.* »

En vérité, il ne peut y avoir maintenant de trompés, sur le prétendu libéralisme de la Constitution, que ceux qui voudront bien l'être. Et nous avons cent fois le droit de leur répéter avec Racine :

« Auras-tu toujours des yeux pour ne point voir ? »

On peut guérir les aveugles par accident ; quelquefois même, quoique plus rarement, les aveugles de naissance. Quant aux aveugles volontaires, nous l'avouons, c'est impossible.

Nous nous adressons donc à tous nos concitoyens, excepté au petit nombre qui s'obstineraient à demeurer aveugles volontaires ; et nous leur demandons : « Le sénatus-consulte n'est-il pas un nouveau leurre ? L'autorité n'a-t-elle pas toujours autant de facilité pour redevenir, quand elle le voudra, despotique ? Que signifie un Plébiscite lorsqu'on est appelé à voter sur un pareil sujet ? »

Et cependant nous n'avons fait que citer les faits dans toute leur vérité. Si nous avons exagéré ou dénaturé, qu'on nous le dise. Nous ne sommes pas de ceux qui croient ne se tromper jamais, et n'ont jamais commis *une seule faute.*

P.·S. — Nous attendons le texte du Plébiscite, qu'il paraisse dans les journaux, ou qu'il nous vienne sous forme de lettre impériale. Sitôt qu'il nous sera connu, nous continuerons.

V

LA FORMULE DU PLÉBISCITE.

Enfin..... nous la connaissons la formule du Plébiscite; et les électeurs la connaîtront aussi; sans savoir davantage sur quoi ils auront à voter.

Le gouvernement étant prêt, la commission, qui par excellence doit *pousser* au scrutin, étant en mesure, M. Janvier de la Motte, le préfet des *pompiers* (ce préfet récemment mis à la côte; quelle plaisanterie!), étant à la tête du mouvement Plébiscitaire, on daigne nous faire cette importante communication.

La voici, telle qu'elle est au décret :

« Le peuple approuve les réformes libérales opérées dans la constitution, depuis 1860, par l'Empereur, avec le concours des grands corps de l'État, *et ratifie le sénatus-consulte du 20 avril 1870.* »

Tout d'abord une chose nous frappe : et quand bien même la signature de Napoléon ne serait pas au bas de cet acte, il serait impossible d'en méconnaître l'auteur. Comme toutes ces proclamations impériales parues jusqu'à présent, elle se distingue par l'ambiguïté la plus absolue.

Deux propositions fort distinctes sont soumises au scrutin. La première paraissait assez claire ; mais aussi est-elle suivie de la seconde, qui nous replonge dans la plus complète obscurité ! Qu'est-ce que cela veut dire ? Comme d'habitude : *tout et rien.*

En effet, nous voyons qu'on nous demande d'abord si nous approuvons les réformes faites depuis 1860. Très-bien ; et nous comprendrions encore qu'à la rigueur un homme indépendant y adhérât, puisqu'on nous affirme que depuis cette époque le ministère a suivi. la voie de la liberté.

Mais aussitôt on joint la proposition suivante : « Approuvez-vous aussi le récent sénatus-consulte ? » C'est-à-dire, nous l'avons prouvé, l'acte le plus autoritaire qu'on puisse imaginer.

Qu'y comprendre ? et surtout qu'y comprendra la masse des électeurs ?

Il faudrait avant tout qu'elle connût le sénatus-consulte, ce qui ne se peut. Et, quand bien même elle le connaîtrait, elle ne serait guère plus avancée. Car tous ceux qui l'ont étudié ont pu. se convaincre que, si dans cet acte la forme est quelque peu libérale, le fond est tout ce qu'il y a de plus autoritaire ; que c'est une confirmation déguisée du gouvernement personnel.

C'est ainsi du reste que le Sénat l'a compris ; et c'est pour cela qu'il a discuté en *trois jours* cet acte, auquel M. Ollivier se plaît à prédire une existence *séculaire ;* c'est pour cela qu'il l'a voté à l'*unanimité.*

Plusieurs du reste parmi les sénateurs ont eu

du moins la franchise d'avouer, au milieu des applaudissements de leurs collègues, qu'ils l'acceptaient avec tant d'enthousiasme, parce qu'il ne faisait qu'augmenter *l'autorité* et les *prérogatives* du Souverain.

Touchante unanimité! montrant la docilité de ce grand corps, d'un accommodement tellement facile, qu'il retire ses amendements, *sur un seul signe*, avec encore plus de promptitude qu'il n'avait mis à les présenter, sans attendre même qu'ils soient soumis au scrutin. Voilà avec quelle légèreté on traite les affaires de la France!

D'ailleurs, pour satisfaire le Souverain (ce qu'il a plus à cœur de faire que de satisfaire le peuple), le Sénat n'a qu'à se laisser guider. Son président, M. Rouher, que l'on prétendait tombé en disgrâce, est plus que jamais en faveur. N'a-t-il pas avoué lui-même avoir conseillé le Plébiscite? Chaque jour du reste son Souverain le consulte; et aujourd'hui encore on signalait une longue conversation du maître et de l'ancien ministre-sénateur.

Pauvres crédules! nous avions espéré en France que l'administration n'obéissait qu'à la voix du nouveau ministère. Hélas! nous eussions dû plutôt comprendre, ce que nous soupçonnions déjà, que seule la forme était changée en apparence; mais que la majorité de l'administration, préfets, sous-préfets et tout ce qui s'en suit, restait profondément dévouée au ministère tombé. M. Ollivier était sur la scène; M. Rouher dans les coulisses. Nous en avons aujourd'hui la preuve évidente.

A cela rien d'étonnant. Si les nouveaux ministres voulaient suivre une voie nouvelle, il fallait des hommes nouveaux. Et pour cela, avant même de dissoudre le Corps législatif, faire la loi électorale et changer totalement le personnel des différentes administrations.

C'était le seul moyen efficace de « protéger, comme le disait récemment un sous-préfet, *la liberté*, aussi bien contre toute espèce d'excès, que contre toute *tentative rétrograde*. »

Pauvre M. Ollivier! si gonflé maintenant par

ses triomphes oratoires et les applaudissements intéressés qu'il reçoit, puisse-t-il avant peu ne pas s'apercevoir *qu'il est trop tard !*

Dernièrement, un des confidents intimes, un des amis du cœur, M. Paul Granier de Cassagnac, dans ce journal dévoué, comme son nom l'indique : *Le Pays, journal de l'Empire*, écrivait :

« Quand vous voterez le Plébiscite, votez pour
» l'*Empereur*, pour l'*Empereur seul*, et levez les
» épaules quand on vous dira qu'il s'agit de la
» constitution ancienne, et de la constitution
» nouvelle, de 1852 et de 1870. »

Il était bien informé, et, de fait, dans cette formule du Plébiscite, on n'a pas osé revenir sur ce parallèle grotesque. C'est un ridicule qu'on a évité, et du reste la question est suffisamment embrouillée.

Au fond, c'est de l'*Empereur seul* qu'il s'agit. Et, il faut l'avouer, on prépare le vote d'une manière digne d'un Souverain. Ainsi l'on fait voter des hommes qui ne votaient plus depuis 1851.

Les soldats ! Pour plus de sûreté encore on les

embrigade sous les ordres de l'officier du grade le plus élevé. Voila un vote qui promet d'être libre !

Et, si par miracle il l'était, voyez-vous d'içi la triste position où se trouveraient les officiers supérieurs. Voyez-vous ce colonel, malgré ses campagnes, ses blessures, ses années de service, apportant un vote où les *oui* ne seraient pas en majorité ! Quelle situation fâcheuse !

Mais ce n'est pas assez, on fait voter l'Algérie. Ah ! pour le coup, voilà où les *oui* ne devraient pas être nombreux. Car nos pauvres colons, plus que nous encore, ont eu à se plaindre du gouvernement personnel. C'est vrai ; mais gardons-nous de l'oublier, comme le pouvoir ne l'a pas oublié lui-même : l'Algérie est soumise au *régime militaire*. Voilà qui change singulièrement la question.

Je m'étonne qu'on n'ait pas pensé à faire voter les habitants des prisons et des maisons d'aliénés. Pourquoi pas Cayenne? Il doit encore y avoir dans ce pays quelques exilés *involontaires* du

2 décembre, pour lesquels c'eût été une bien douce consolation.

Mais il ne suffit pas d'avoir beaucoup d'électeurs, il faut aussi agir sur les circonstances. C'est ainsi que plusieurs journaux annoncent (et le fait n'a malheureusement pas été démenti) qu'on songerait à faire monter la rente! le 3 %, en *achetant* une grande quantité de cette valeur à la Bourse. Mais après cela, nous aurons la débâcle; que d'acheteurs seront ruinés! Peu importe, on aura récolté beaucoup de *oui*. Ah! je comprends de plus en plus la retraite de l'honorable M. Buffet.

Maintenant, en vérité, la besogne est assez facile pour les membres de la *commission* plébiscitaire. On sait que cette commission n'a pas été nommée par le peuple *enthousiaste*, mais composée de sénateurs, de députés officiels, de journalistes dévoués et la plupart *subventionnés*.

Il y a plus, pour en former comme un ordre *chevaleresque*, on vient de leur donner non pas des croix (on n'a pas osé), mais des *médailles spéciales*, qu'ils porteront pendues à des rubans, comme les commissionnaires des halles.

Voilà ce qu'on appelle s'abstenir de pression et laisser le peuple voter d'une façon libre. Ah! n'avait-il pas raison ce député, un des vôtres, cependant, M. Martel, lorsqu'il prévoyait, avec une naïveté touchante, votre retour aux errements de vos prédécesseurs : « Je crains, disait-il, qu'en faisant appel à la nation, le gouvernement ne soit *forcé* d'employer tous les *ressorts administratifs,* et qu'il ne soit *réduit* à manquer aux engagements qu'il a pris. »

Vous vous recriâtes alors sur les bancs des ministres : et cependant c'est aujourd'hui ce que vous faites. A qui donc se fier?

Il est vrai que vous avez depuis prorogé la Chambre. Je le comprends : elle vous gênait. Les représentants du peuple, ceux qui doivent défendre nos droits et démasquer les manœuvres, n'eussent pas manqué de le faire. L'opinion se fût éveillée, et vous eussiez pu vous trouver dans une fâcheuse position.

Maintenant, vous n'avez plus rien à craindre ; vous avez balayé le terrain. Rien ne vous gêne. A vous le monopole de l'intrigue. Voilà comment vous entendez le respect du peuple et du scrutin. MM. Rouher et de Forcade ne l'entendaient pas autrement.

Je me trompe, vous êtes en cela bien plus habiles ; car ils n'avaient encore pas inventé votre système des *manœuvres orales*.

Qu'un jour, ce qui ne manquera pas d'arriver, on vienne demander à la Chambre des explications sur ce qui s'est passé ; qu'on veuille attaquer vos fonctionnaires, peut-être vous-mêmes, car vous êtes *responsables*.

Vous sourirez, en demandant les preuves. Et en effet, si les preuves *morales* abondent, les preuves *matérielles* feront défaut.

Honnêtes gens ! n'avez-vous pas dit à vos affidés cette parole machiavélique ? « *Parlez, mais n'écrivez pas !* »

Mais qu'est-il besoin de rappeler votre responsabilité ? Vous ne le savez que trop, vous n'avez rien à craindre. Pour vous poursuivre, il faut un vote du Corps législatif ou du Sénat.

Or, le premier est encore à vos ordres, grâce à cette majorité, fruit récent des candidatures officielles.

Quant au second, n'a-t-il pas approuvé à l'unanimité le Plébiscite? Il vous acquitterait de même, sans scrupule, avec une pareille unanimité.

VI

OBJECTIONS.

Parmi les objections que non-seulement l'administration fait aux adversaires du Plébiscite, à ceux qui n'ont pas confiance, mais encore que répètent de bonne foi un certain nombre d'électeurs honnêtes et trompés, nous nous attacherons à réfuter les trois principales.

Prenons la première : « On ne peut voter *non* ; car ce serait voter avec Gambetta, Bancel, Raspail, etc. »

Eh bien ! personne n'est forcé de voter *non* ; mais de ce qu'on ne dépose pas un *non* dans l'urne, cela ne veut pas dire que l'on soit tenu d'y mettre un *oui*.

Comment ! parce que votre ennemi se jetterait dans la Seine, vous vous croiriez tenu d'aller vous précipiter dans la Loire ? Mais le plus sage est cent fois de ne pas se noyer du tout, ni dans l'un, ni dans l'autre fleuve.

En outre, avant de blâmer ceux qui voteront *non*, il faut savoir s'ils ont tort à leur point de vue : peut-être sont-ils logiques. Nous connaissons des hommes des plus graves, aussi éloignés que possible des principes de l'extrême gauche, qui votent *non*. Par cette raison excellente qu'ils voient, dans le sénatus-consulte et le Plébiscite qui doit le consacrer, une nouvelle tromperie, et qu'ils veulent uniquement protester.

Comment, vous seriez dans une assemblée délibérative quelconque, on proposerait une chose juste, et vous voteriez *contre*, parce que près de vous des citoyens de l'extrême gauche voteraient *pour* ? Mais c'est inadmissible. Au contraire, on est heureux de voir des hommes, qui souvent se trompent, marcher à ses côtés dans le chemin de la justice et de la vérité.

Une seconde objection est faite encore ; et souvent, il faut le dire, par des hommes qui n'en croient pas le premier mot, mais pour lesquels elle est un moyen d'effrayer les électeurs :

« Si vous ne votez pas, vos voix seront comptées à l'actif de la révolution. »

En vérité, la ruse est trop grossière ; il faut que ceux qui l'emploient aient une triste idée de l'intelligence des citoyens auxquels ils s'adressent.

De quel droit la révolution prétendrait-elle agir ainsi ?

Vous supposez donc les électeurs bien ignorants ? Mais ils savent parfaitement déjà qu'un grand nombre de journaux les plus modérés de Paris et de la province recommandent de s'abstenir. Ils savent que la majorité des hommes les plus honorables, mais indépendants, dans tous les partis, ne votera pas...

Eh ! mon Dieu, la raison en est bien naturelle.

Tous ces hommes, tous ces journaux, avaient soutenu le ministère, tandis qu'il marchait à visage découvert ; tandis qu'il paraissait suivre la voie libérale. Du jour où ils ont vu qu'ils étaient trompés, que le sénatus-consulte était un leurre, et le Plébiscite un piége, ils ont changé d'allure, et ils ne voteront pas aujourd'hui.

Oserez-vous dire que ceux qui agissent ainsi sont des rouges ? Mais il suffit de jeter un regard sur les journaux, ces miroirs de l'opinion publique, pour s'en convaincre. Parmi les *non*, il y aura beaucoup de voix de la démocratie avancée. L'abstention, au contraire, en comptera fort peu, et sera pratiquée par la masse des électeur libéraux et indépendants, mais conservateurs et hommes d'ordre avant tout.

Nous l'espérons, personne ne se laissera prendre à cette objection, aussi fausse que peu sérieuse.

Reste la troisième objection, la plus grave, celle que l'administration fait déjà crier par toutes ses trompettes, celle qui cause le plus d'effroi :

« Si vous n'affermissez pas l'Empire en votant

ouï, vous aurez inévitablement *la révolution !* »

On se demande, en vérité, ce que devient le bon sens public, et ce que font de leurs consciences les hommes qui se plaisent à effrayer les populations par de semblables propos.

Au moins j'y vois d'abord un avantage, c'est que l'administration n'en fait plus de mystère ; comme l'avait dit M. Bethmont au Corps législatif, comme M. Ollivier a été contraint de l'avouer au Sénat, c'est pour *l'Empereur* qu'on votera.

Pourquoi ne l'avez-vous pas de suite avoué ? Aviez-vous peur que ce nom n'éveillât pas assez de sympathies ?

Eh bien ! j'admets votre proposition qui est vraie, quant à la première partie : le vote sera entre l'Empereur..... et la révolution ; autrement dit, entre le connu et l'inconnu.

Mais l'Empire, c'est la révolution. Ce n'est pas moi qui l'invente : le gouvernement l'a fait proclamer par un de ses plus éloquents et habiles ministres. M. Billaud ne s'est-il pas écrié en plein Sénat : « *Nous sommes la Révolution ?* »

Il ne faisait du reste que dire la vérité. Le coup d'État de 1852 n'était-ce pas une révolution, et une révolution sanglante? Avec cette circonstance aggravante, qu'elle s'opérait au nom et dans l'intérêt *d'un seul.*

Dernièrement au Sénat, M. de Persigny lui-même, l'un des acteurs, n'osait justifier cette triste journée.

Et en outre, un gouvernement qui tantôt s'appuie sur les principes de 89, tantôt sur le droit qu'il *prétend* tenir de l'oncle; tantôt proclame le principe électif, tantôt se déclare héréditaire; n'est-ce pas la révolution perpétuelle, dans les droits, dans les idées? et avant peu, je le crains bien, de nouveau dans la rue?

Oui, vous avez eu raison de le dire, vous êtes la révolution en France, comme vous l'avez été à Rome, à Naples, en Espagne, en Allemagne même; partout où vous avez touché.

Donc, je ne vois pas où est la différence, entre voter pour la révolution et voter pour l'Empire, puisque les deux sont synonymes.

Mais je constate un danger plus prochain à voter pour l'Empire, c'est-à-dire à voter *oui* : c'est une augmentation d'autorité pour son chef, un nouveau point d'appui pour mener le peuple à sa guise, comme nous l'avons vu après 1852. Si nous voulons que nos vainqueurs soient modérés après la victoire, tâchons qu'elle ne soit pas trop éclatante. Ce serait nous forger de nouveaux fers.

Récemment, au Sénat, M. de Ségur d'Aguesseau, avec autant de franchise que de maladresse, a su nous en avertir ; et, malgré son éloquence, le Garde-de-Sceaux, n'a pu étouffer le cri qui avait été poussé : *Væ victis !* Malheur aux vaincus !

Si encore ce triomphe de la force ne devait durer que peu de temps. Mais écoutez M. de la Guéronnière constatant les résultats du vote de 1852 : « L'Empire et la France en ont vécu *vingt* ans. »

Voilà cependant le résultat d'un vote que la peur avait arraché. La révolution, nous nous défendrons toujours assez contre elle. Personne ne veut plus l'anarchie ; elle est devenue impossible. Car on ne me dira pas que l'infime minorité qui dans les villes chante *la Marseillaise*, ou casse les reverbères, soit la nation. Non, la nation en masse répudie cette écume qui sort à sa surface, comme la mer rejette aux jours d'orage l'écume de son sein.

Donc la révolution passe, mais le despotisme reste et se maintient.

Et d'ailleurs qui a fait naître en France, qui a augmenté cette tourbe impure? L'Empire, en détruisant chez le peuple tout respect, pour Dieu, pour la famille et pour tout le droit. En répandant les livres impies et obscènes, en laissant représenter sur nos théâtres les pièces les plus immorales, en augmentant le nombre de ces maisons pernicieuses où le corps se souille et l'âme s'avilit, en favorisant le luxe, en développant le goût du jeu et de l'agiotage, en détruisant la famille, en laissant attaquer toutes les autorités, même celle de Dieu, excepté la *sienne*.

Voilà ce qu'a fait l'Empire. Et l'on peut cons-
tater avec tristesse, mais avec vérité, que les
masses sont aujourd'hui bien plus perverties
qu'elles ne l'étaient en 1852. Singulier effet du
despotisme! Tout comme la société romaine qui,
encore forte et honnête sous la république, avait
fini par ressembler à un hideux cadavre sous les
derniers empereurs.

Eh bien! tout cela n'est-ce pas mille fois plus
terrible qu'une révolution passagère? C'est le
courant anarchique et anti-social, se développant de plus en plus au cœur du peuple; un
instant comprimé par la force brutale, mais nous
amenant nécessairement, en un temps plus ou
moins rapproché, à la décadence et à la ruine.

Donc, en face de ces deux dangers, l'Empire
absolu et la révolution, on ne peut voter ni pour
l'un, ni pour l'autre. Mais tout homme qui
a sérieusement étudié son époque le sentira : si
la dernière l'effraie, le premier l'effraiera encore
bien autrement.

Et d'ailleurs, pourquoi la révolution serait-elle

la conséquence nécessaire de l'amoindrissement de l'Empire ? Quand le premier Empire tomba, la France vit-elle venir la révolution ? Ne connut-elle pas au contraire ce régime vraiment libéral de la Restauration, que nous sommes maintenant forcés de regretter, et auquel les hommes de tous les partis, même ceux du gouvernement actuel, sont contraints à chaque instant de rendre un légitime hommage ?

Le seul danger de voir la révolution vient de cet antagonisme que l'Empire entretient chaque jour entre les conservateurs et les anarchistes, entre les hommes religieux et les impies. Suivant la parole du chef de l'État : « *Entre les fils de Voltaire et les enfants de Loyola.* » Le danger, c'est cette politique de bascule, consistant un jour à relever l'un, le jour suivant à relever l'autre ; permettant Mentana après Castel-Fidardo ; et soutenant tour à tour le clergé catholique et Renan.

Toujours ce déplorable système de contradiction qui entretient dans les masses les haines et les divisions au lieu de les amener à la concorde.

Il faut que l'Empire ait un pied dans chaque camp. C'est ainsi que nous entendrons un jour, au Sénat, exalter Napoléon Ier, comme le restaurateur du culte catholique en France. Le lendemain, nous lirons dans un des journaux engagés dans la ligue du Plébiscite, ces paroles déplorables : « Le peuple votera pour Napoléon III, parce qu'il reconnaît en lui le neveu de son oncle ; son ami, et aussi l'ennemi *des nobles et des prêtres !* »

N'est-ce pas là, au plus haut point, entretenir les haines qui font les révolutions ; et a-t-on ensuite le droit de demander les voix du peuple pour le *préserver* des bouleversements ?

Non, en parlant ainsi, le gouvernement a toujours recours à la même manœuvre. Et M. Ollivier ne peut plus dire que le spectre rouge n'est pas invoqué. Il l'est tous les jours, ne serait-ce que par toute la presse officielle et officieuse, sans parler du Sénat.

Décidément on nous prend pour de pauvres oiseaux qu'on empêche de cueillir les fruits, en plaçant dans l'arbre un de ces mannequins qui pour nous s'appelle le spectre rouge.

Les fruits, ce sont la liberté, la paix et l'ordre; ce sont encore le respect de l'autorité divine et humaine, la protection de la famille et de la société, la sauvegarde de la morale, la décentralisation, etc.

En face se trouve un autre arbre autour duquel on tente de nous attirer : rien, en apparence, ne peut nous faire craindre; mais cet arbre est entouré de chaînes, et retient pour longtemps dans les fers les imprudents qui s'en approchent.

Or, cet arbre, l'arbre de l'Empire, quels sont ses fruits? Hélas! il n'en a pas. A peine quelques pousses viennent-elles nous donner des espérances, qu'elles sont aussitôt desséchées au souffle brûlant du pouvoir personnel.

Et nous retournerions nous enchaîner à cet arbre? Trompés déjà tant de fois, nous consentirions à l'être de nouveau?

Non, nous en avons fait une trop triste expérience.

Comme nous le lisions dernièrement dans le manifeste de la gauche : « Si vous n'avez oublié ni » les dix-huit ans d'oppression, d'outrages à la » liberté, ni le Mexique, ni Sadowa, ni la dette ac- » crue de *cinq* milliards, ni les budgets dépassant » deux milliards, ni la conscription, ni les lourds » impôts, ni les gros contingents...., etc., vous » ne pouvez pas voter : *oui*.

» Car tous ces maux, dont la France n'effacera » de longtemps la trace, sont sortis, il y a dix- » huit ans, de deux Plébiscites semblables à » celui qu'on vous soumet. »

La république de 1848, dont on fait à vos yeux un épouvantail si terrible avait-elle laissé la France dans un état aussi désastreux ?

Non, s'abstenir ce n'est pas voter pour la révolution ; c'est dire à l'Empire : que l'on n'a pas confiance. C'est lui refuser le *blanc-seing*, dont depuis 1852 il a tant abusé.

CONCLUSION.

« Dans le doute abstiens-toi, dit le sage. »

Parce qu'on ne peut blâmer *en principe* toutes
les réformes, plutôt promises qu'exécutées depuis
1860;

Parce qu'avant tout il ne faut pas voter par
parti pris;

Peut-être n'est-il pas nécessaire de voter : *non;*
quoique ce vote soit le plus logique;

Parce que nous savons ce que nous a coûté le
vote de 1852, et la façon dont on a abusé de la
confiance de la France;

Parce que le sénatus-consulte n'est qu'une

nouvelle forme de gouvernement personnel déguisée, ce que M. de Ségur-d'Aguesseau a appelé
au Sénat : « *Une main de fer sous un gant de ve-
lours* » ;

Parce que l'immense majorité des électeurs, ne
connaissant même pas le sénatus-consulte, ne
peut se rendre compte de son vote, vote qui lie
la nation pour l'avenir ;

Parce qu'en prétendant nous donner la liberté,
de plus en plus on l'immole ;

Parce que le ministère du 2 janvier n'a pas
tenu ses promesses et n'est pas plus indépendant
que ceux qui l'ont précédé ;

Parce qu'il nous est impossible de reconnaître
au Souverain le droit de Plébiscite, le droit héréditaire, celui de faire la guerre, celui de dissoudre les Chambres, celui de faire les traités, etc.,
en un mot, toutes les attributions du pouvoir
personnel ;

Parce que le Plébiscite a été voulu, non par le
peuple, mais par le Souverain ; qu'il n'a même

pas été soumis au Corps législatif, qu'on a prorogé ; qu'il n'est qu'un piége ;

Parce que nous n'avons pas le droit d'engager
les générations qui viendront, dans des liens envers un gouvernement dont la France pleure
encore les fautes ;

Parce que nous avons des principes de droit et
de justice, et que le sénatus-consulte ne répose
sur aucun ;

Parce que, contrairement à ce qui avait été
promis, le gouvernement cherche une pression
plus forte que jamais et plus hypocrite sur les
votes ;

Parce qu'on nous joue ;

Parce qu'enfin, dans sa proclamation qui vient
de paraître, l'Empereur ne fait appel qu'aux
hommes qui ont confiance en lui et approuvent
ce qu'il a fait jusqu'à présent, et que nous ne
sommes au nombre ni des uns, ni des autres ;

Nous ne pourrions comprendre qu'un homme
indépendant et éclairé votât : *oui*.

Donc, afin de pouvoir nous présenter dans

l'avenir le front haut, sans crainte ni remords, devant le pays, et de n'assumer aucune responsabilité des faits qui surgiront, le plus sage nous paraît être de nous conformer au principe :

Dans le doute, abstiens-toi, dit le sage :

L'ABSTENTION.

Château-Gontier. Bezier, imp.